LA FLEUR AU FUSIL

Scénario :
Cédric Mayen

Dessin et couleurs :
Cristiano Crescenzi

DARGAUD
BENELUX

ALORS ?
SANDRO A VU JUSTE : UNE VINGTAINE DE PIÉMONTAIS EN TENUE RÉGULIÈRE QUI ESCORTENT DES PRISONNIERS.

CE SONT DES GAMINS POUR LA PLUPART, AVEC DES UNIFORMES TROP GRANDS POUR EUX. ILS N'ONT PAS L'AIR D'AVOIR UNE GRANDE EXPÉRIENCE DU FEU.
MAIS ILS DÉFENDRONT CHÈREMENT LEUR VIE SI NOUS LES ATTAQUONS TROP FRONTALEMENT.
NOUS NE LEUR EN LAISSERONS PAS L'OCCASION.
JE LE SAIS, MAIS CE N'EST PAS CE QUI M'INQUIÈTE.
JE LE CONNAIS, CELUI-LÀ. C'EST CARAMELLA, UN VRAI CHIEN DE GUERRE !
IL EST VENU SPÉCIALEMENT DE TURIN POUR CHASSER DU MÉRIDIONAL. SI ON NE LE NEUTRALISE PAS RAPIDEMENT, IL RISQUE DE FAIRE DE GROS DÉGÂTS DANS NOS RANGS.
LINA ? FRANCESCO ?
QU'EST-CE QU'ON ATTEND ? LES HOMMES S'IMPATIENTENT !

LES PIÉMONTAIS SERONT BIENTÔT LÀ. LE SOLEIL NE VA PAS TARDER À SE COUCHER ET ILS L'AURONT EN PLEINE FACE. SI ON LES PREND EN TENAILLE À L'ENTRÉE DU COL, ON POURRA LES SURPRENDRE.
EXCELLENT. IL N'Y A PLUS QU'À ESPÉRER QU'ILS NE SE DOUTENT DE RIEN.
NICOLINA ET DOMENICO, OCCUPEZ LES FLANCS AVEC VOS HOMMES. TOI, FRANCESCO, TU LEUR COUPES LA RETRAITE. JE ME CHARGE DE L'EMBUSCADE, COMME D'HABITUDE.
DES FOIS, MICHELINA, TU ME FAIS PEUR. TU PEUX ÊTRE AUSSI FROIDE QUE LA GLACE.
JE PEUX AUSSI ÊTRE BRÛLANTE, FRANCESCO. ÉVITE DE MOURIR ET JE TE LE PROUVERAI.

ALORS, LES BLEU-BITES, VOUS EN CHIEZ, HEIN ? LE SOLEIL D'ICI EST EN TRAIN DE CUIRE VOS CULS DE NORDISTES !
L'HEURE DE LA SIESTE EST DÉJÀ PASSÉE, MAIS ON POURRAIT PEUT-ÊTRE S'ARRÊTER POUR SE REPOSER ET SE DÉGOURDIR LES JAMBES ?

* "HOMME DE LA TERRE", SURNOM DÉPRÉCIATIF QUE LES ITALIENS DU NORD DONNENT AUX ITALIENS DU SUD.

DE QUOI S'AGIT-IL ?
JE NE SAIS PAS, CAPORAL, AVEC LE SOLEIL DANS LES YEUX, C'EST DUR À DIRE. ON DIRAIT UN CORPS ALLONGÉ À CÔTÉ D'UN ÂNE.
SOLDATS, SERREZ LES RANGS ET GARDEZ LES YEUX OUVERTS. AU MOINDRE MOUVEMENT SUSPECT, TIREZ SANS SOMMATION.
ÇA VAUT AUSSI POUR LES PRISONNIERS.
GOZZELINO, VISCONTI, AVEC MOI !

* ÉQUIVALENT DES HARPIES GRECQUES DANS LE FOLKLORE NAPOLITAIN.

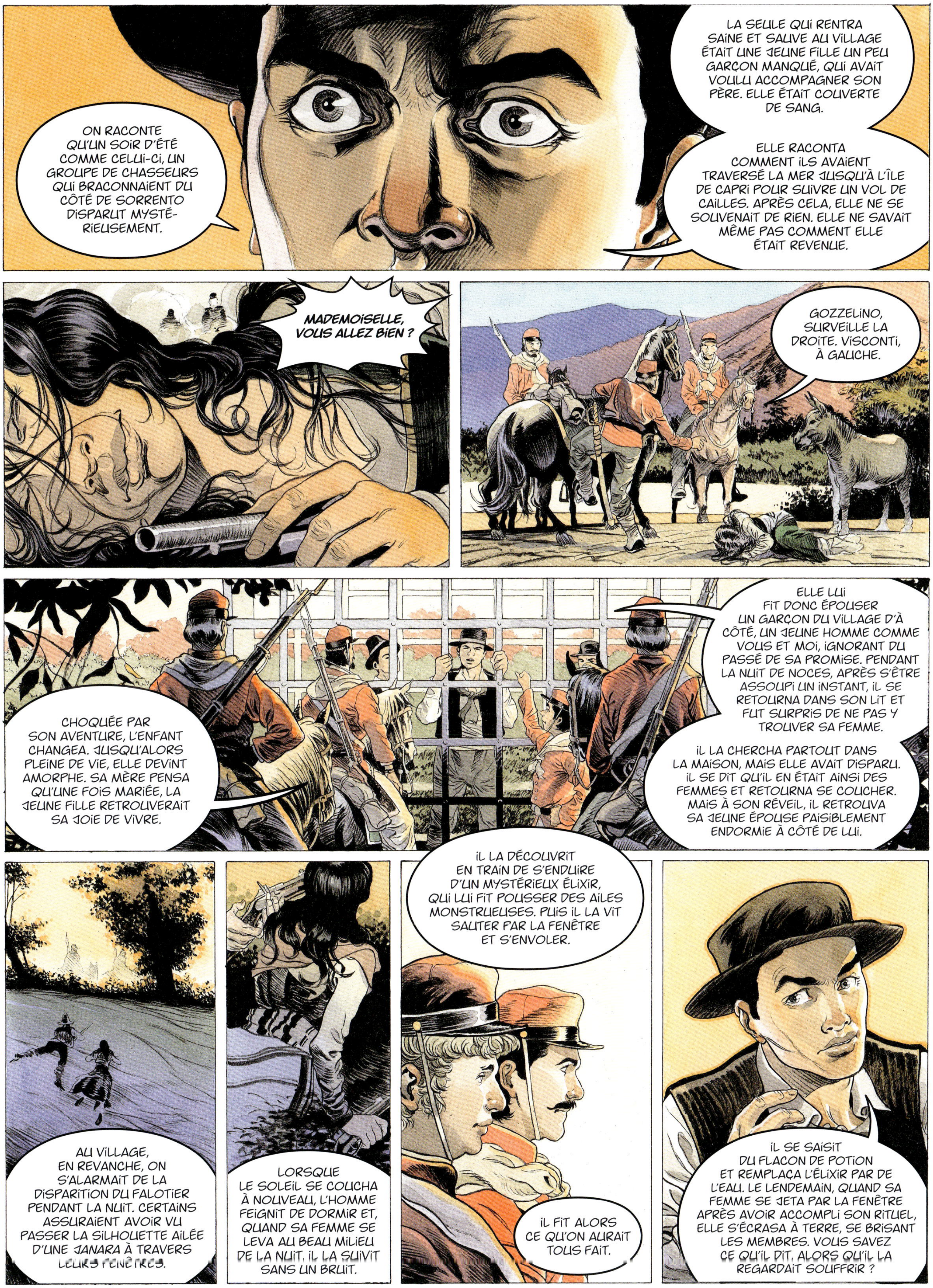
ON RACONTE QU'UN SOIR D'ÉTÉ COMME CELUI-CI, UN GROUPE DE CHASSEURS QUI BRACONNAIENT DU CÔTÉ DE SORRENTO DISPARUT MYSTÉRIEUSEMENT.
LA SEULE QUI RENTRA SAINE ET SAUVE AU VILLAGE ÉTAIT UNE JEUNE FILLE UN PEU GARÇON MANQUÉ, QUI AVAIT VOULU ACCOMPAGNER SON PÈRE. ELLE ÉTAIT COUVERTE DE SANG.
ELLE RACONTA COMMENT ILS AVAIENT TRAVERSÉ LA MER JUSQU'À L'ÎLE DE CAPRI POUR SUIVRE UN VOL DE CAILLES. APRÈS CELA, ELLE NE SE SOUVENAIT DE RIEN. ELLE NE SAVAIT MÊME PAS COMMENT ELLE ÉTAIT REVENUE.
MADEMOISELLE, VOUS ALLEZ BIEN ?
GOZZELINO, SURVEILLE LA DROITE. VISCONTI, À GAUCHE.
CHOQUÉE PAR SON AVENTURE, L'ENFANT CHANGEA. JUSQU'ALORS PLEINE DE VIE, ELLE DEVINT AMORPHE. SA MÈRE PENSA QU'UNE FOIS MARIÉE, LA JEUNE FILLE RETROUVERAIT SA JOIE DE VIVRE.
ELLE LUI FIT DONC ÉPOUSER UN GARÇON DU VILLAGE D'À CÔTÉ, UN JEUNE HOMME COMME VOUS ET MOI, IGNORANT DU PASSÉ DE SA PROMISE. PENDANT LA NUIT DE NOCES, APRÈS S'ÊTRE ASSOUPI UN INSTANT, IL SE RETOURNA DANS SON LIT ET FUT SURPRIS DE NE PAS Y TROUVER SA FEMME.
IL LA CHERCHA PARTOUT DANS LA MAISON, MAIS ELLE AVAIT DISPARU. IL SE DIT QU'IL EN ÉTAIT AINSI DES FEMMES ET RETOURNA SE COUCHER. MAIS À SON RÉVEIL, IL RETROUVA SA JEUNE ÉPOUSE PAISIBLEMENT ENDORMIE À CÔTÉ DE LUI.
AU VILLAGE, EN REVANCHE, ON S'ALARMAIT DE LA DISPARITION DU FALOTIER PENDANT LA NUIT. CERTAINS ASSURAIENT AVOIR VU PASSER LA SILHOUETTE AILÉE D'UNE JANARA À TRAVERS LEURS FENÊTRES.
LORSQUE LE SOLEIL SE COUCHA À NOUVEAU, L'HOMME FEIGNIT DE DORMIR ET, QUAND SA FEMME SE LEVA AU BEAU MILIEU DE LA NUIT, IL LA SUIVIT SANS UN BRUIT.
IL LA DÉCOUVRIT EN TRAIN DE S'ENDUIRE D'UN MYSTÉRIEUX ÉLIXIR, QUI LUI FIT POUSSER DES AILES MONSTRUEUSES. PUIS IL LA VIT SAUTER PAR LA FENÊTRE ET S'ENVOLER.
IL FIT ALORS CE QU'ON AURAIT TOUS FAIT.
IL SE SAISIT DU FLACON DE POTION ET REMPLAÇA L'ÉLIXIR PAR DE L'EAU. LE LENDEMAIN, QUAND SA FEMME SE JETA PAR LA FENÊTRE APRÈS AVOIR ACCOMPLI SON RITUEL, ELLE S'ÉCRASA À TERRE, SE BRISANT LES MEMBRES. VOUS SAVEZ CE QU'IL DIT, ALORS QU'IL LA REGARDAIT SOUFFRIR ?

BANG!
CRÈVE,
SALE PORC.

Très chères et chers Super-Libraires,

Mettre en scène la vie de Michelina di Cesare, notre fleur au fusil, fut un projet de longue haleine.

Après dix ans de recherches et l'écriture d'une vingtaine de versions ainsi que quatre ans de travail à l'encre et à la peinture sur les planches, apprendre par le biais de notre éditeur l'engouement qui a été le vôtre lors de la découverte de notre BD est d'ores et déjà une belle consécration.

Raconter le destin de cette femme aussi inconnue qu'héroïque et la mettre ainsi en lumière nous tenait vraiment à cœur et, grâce à votre action pour promouvoir l'album, vous nous en donnez l'occasion. Pour cela, un grand merci.

Nous savons l'importance des libraires dans l'accompagnement des lecteurs vers des livres qui sauront les ravir et nous espérons que votre enthousiasme à la réception de *La Fleur au fusil* sera communicatif.

Nous nous réjouissons également d'avoir peut-être l'occasion de vous rencontrer en personne afin de vous remercier de votre implication lors de notre tournée de dédicace pour la promotion de l'album.

Avec toute notre gratitude,
Cédric Mayen et Cristiano Crescenzi

"MIEUX VAUT UNE FEMME BRISÉE QU'UNE JANARA."
BANG BANG BANG
FICHUS PIÉMONTAIS, VOUS ÊTES ENCORE PLUS CRÉDULES QUE DES ENFANTS SI VOUS CROYEZ AUX JANARE ! HA, HA, HA !

ALLEZ, BLEU-BITE, RENDS-TOI UTILE ET OUVRE DONC LA CAGE AUX OISEAUX.
FRANCESCO, MON FRÈRE ! TU EN AS MIS, DU TEMPS...
C'EST PAS TROP TÔT.
NINO, MAUDITE GRANDE GUEULE ! CE SOIR, TOUTE LA CAMPANIE CHANTERA L'HISTOIRE DU BRIGAND QUI A DÉSARMÉ VINGT SOLDATS AVEC SA LANGUE !
HA ! HA ! HA !
ET OÙ EST MA SŒUR ADORÉE ?
ELLE ARRIVE, MAIS JE NE CROIS PAS QU'ELLE SOIT DE TRÈS BONNE HUMEUR...

* ÉTYMOLOGIQUEMENT, "LA TACHE". C'EST AINSI QUE LES ITALIENS FONT RÉFÉRENCE AU BRIGANDAGE.
** "CHEF DE FAMILLE".

MAIS COMMENT ?
COMMENT VAS-TU FAIRE POUR L'ATTEINDRE, DANS SA CITADELLE PROTÉGÉE PAR DES DIZAINES DE SOLDATS ?
CEUX QUI VEULENT RESTER EN VIE, DÉSHABILLEZ-VOUS ; LES AUTRES, À GENOUX.
QU... QUOI ?
ALLEZ, À POIL, ET PLUS VITE QUE ÇA !

J'AI EU TELLEMENT PEUR QU'ILS TE FASSENT DU MAL.
T'INQUIÈTE PAS POUR MOI, LINA, JE SUIS UN GRAND GARÇON.
MAIS TOI, IL FAUT QUE T'ARRÊTES DE TE METTRE EN PREMIÈRE LIGNE. TU VAS FINIR PAR TE FAIRE TUER PAR UN DE CES SALAUDS !
ÇA N'ARRIVERA PAS. PLUS AUCUN HOMME NE ME FERA DE MAL. JE M'EN SUIS FAIT LA PROMESSE.

HUIT ANS PLUS TÔT.
TOC TOC
LAISSEZ-MOI TRANQUILLE !
MICHELINA, REGARDE CETTE BELLE ROBE, QUE ROCCO A FAIT FAIRE À NAPLES POUR TOI.
C'EST UN CHEF-D'ŒUVRE DIGNE D'UNE PRINCESSE.
SI UNE PRINCESSE LA VEUT, JE LA LUI LAISSE VOLONTIERS !
QU'EST-CE QU'IL Y A, LINA ? TU N'ES PAS CONTENTE D'ÉPOUSER ROCCO ? POURTANT, C'EST UN BON PARTI, ET LE SEUL QUI VEUILLE BIEN DE TOI MALGRÉ TON PASSÉ.
ET QUI A DIT QUE JE VOULAIS L'ÉPOUSER, MOI ? MON PASSÉ VAUT AUTANT QUE LE SIEN, CRISTIANA ! TOUT LE MONDE AU PAYS SAIT QUE SA PREMIÈRE FEMME EST MORTE SOUS SES COUPS.
MICHELINA, TU NE VAS PAS CROIRE CES RACONTARS ? ELLE ÉTAIT MALADE D'AVOIR LE VENTRE SEC, C'EST TOUT !
ET SI LE MIEN L'EST AUSSI ? SI JE SUIS INCAPABLE DE LUI DONNER UN ENFANT, QUE CROIS-TU QU'IL M'ARRIVERA ? JE TOMBERAI MALADE AUSSI ?

SÈCHE TES LARMES, LINA, ÇA PORTE MALHEUR DE PLEURER LE JOUR DE SON MARIAGE. TU DEVRAIS TE RÉJOUIR DE FONDER UN FOYER.
ET POURQUOI ? CRI, TOI, TU AS PEUT-ÊTRE BESOIN D'UN MARI, MAIS PAS MOI !
JUSTEMENT, SI. QUI T'A ACCUEILLI À LA MORT DE PAPA, SANS POSER DE QUESTION ? C'EST MON LORENZO ! MAIS ÇA NE PEUT PLUS DURER. LES IMPÔTS ONT ENCORE AUGMENTÉ, NOUS N'AVONS PLUS LES MOYENS DE NOURRIR UNE BOUCHE SUPPLÉMENTAIRE.
TU N'ES PLUS UNE ENFANT, LINA. IL EST TEMPS QUE TU PRENNES TES RESPONSABI-LITÉS.
DIS-MOI, CRI... EST-CE QUE ÇA FAIT MAL ? LA PREMIÈRE FOIS...?
ALLEZ, ENFILE CETTE ROBE, QUE JE VOIE COMME TU ES BELLE.

EST-CE QUE TU SAIS SI GIOVANNI SERA LÀ ?
J'ESPÈRE QUE NON. IL NE FERAIT QU'APPORTER DES PROBLÈMES !
POURQUOI ? JE N'AI AUCUNE NOUVELLE DE LUI DEPUIS UNE ÉTERNITÉ.
IL A PRIS LE MAQUIS ET JE NE VEUX RIEN SAVOIR DES HORREURS QU'IL COMMET POUR SURVIVRE. IL PARAÎT QU'IL SE FAIT APPELER NINO DE CASPOLI, MAINTENANT. POUR MOI, ABANDONNER LE NOM DE NOTRE PÈRE EST DÉJÀ UN CRIME DEVANT DIEU.
IL DOIT AVOIR UNE BONNE RAISON DE LE FAIRE ! GIOVANNI EST MALIN...
"UNE BONNE RAISON" ? C'EST POUR FUIR LA CONSCRIPTION, QU'IL EST PARTI. EN PLUS D'ÊTRE UN BRIGAND, C'EST UN PLEUTRE !
PARCE QUE TOI, TU TE BATTRAIS AVEC LES TURINOIS CONTRE NOS COMPATRIOTES ? MOI, J'AURAIS FAIT COMME LUI !

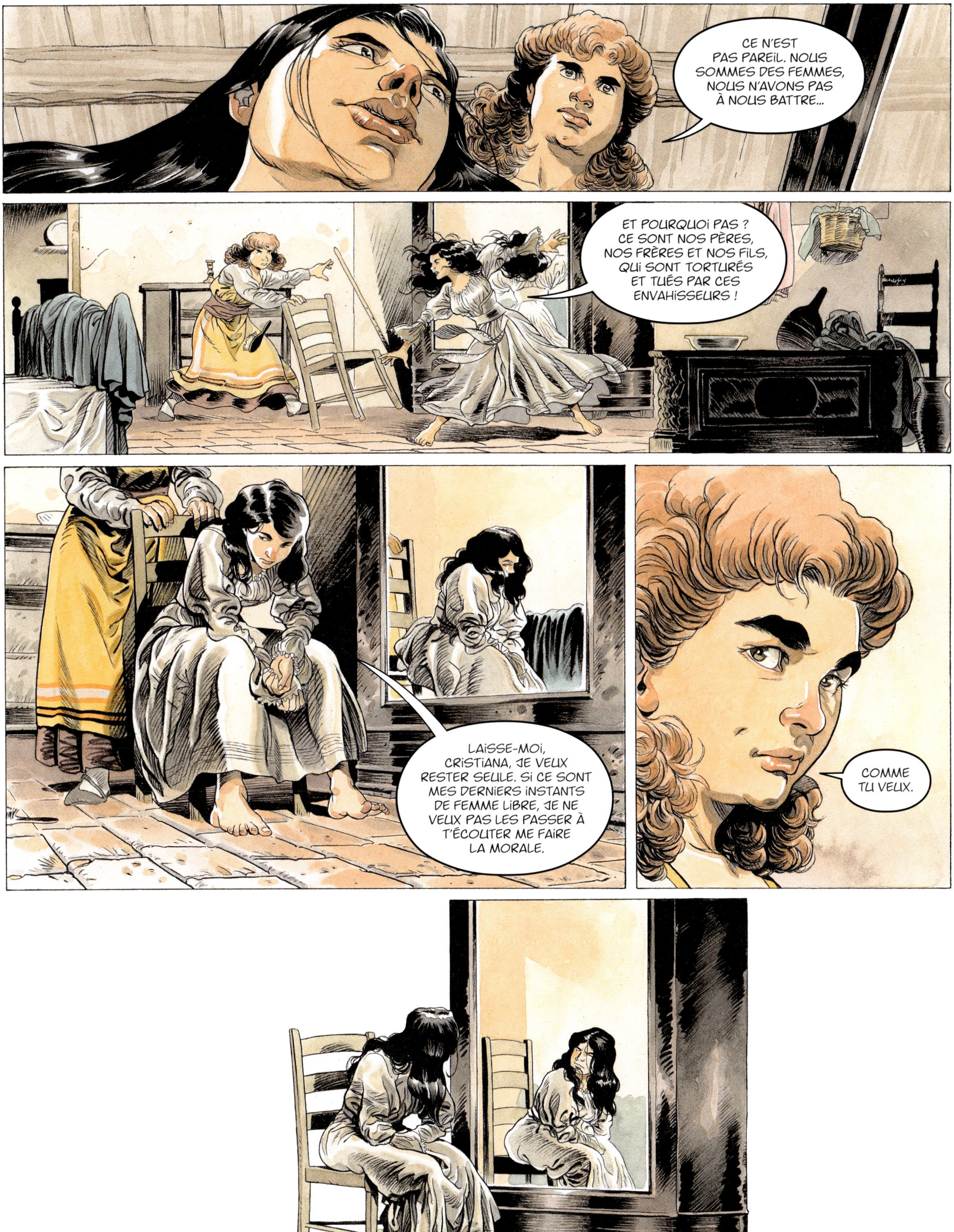
CE N'EST PAS PAREIL. NOUS SOMMES DES FEMMES, NOUS N'AVONS PAS À NOUS BATTRE...
ET POURQUOI PAS ? CE SONT NOS PÈRES, NOS FRÈRES ET NOS FILS, QUI SONT TORTURÉS ET TUÉS PAR CES ENVAHISSEURS !
LAISSE-MOI, CRISTIANA, JE VEUX RESTER SEULE. SI CE SONT MES DERNIERS INSTANTS DE FEMME LIBRE, JE NE VEUX PAS LES PASSER À T'ÉCOUTER ME FAIRE LA MORALE.
COMME TU VEUX.

JE LA VEUX.
ROCCO TANGA, ACCEPTEZ-VOUS DE PRENDRE POUR ÉPOUSE MICHELINA DI CESARE ?
ET TOI, MICHELINA DI CESARE, ACCEPTES-TU DE PRENDRE ROCCO TANGA POUR ÉPOUX ?
HAHUM ! ET TOI, MICHELINA DI CESARE, ACCEPTES-TU DE PRENDRE ROCCO TANGA POUR ÉPOUX ?
JE LE VEUX.
JE VOUS DÉCLARE MARI ET FEMME DEVANT DIEU.
LA FEMME EST À MOI !

MA BRU !
TU AS INTÉRÊT À TE RENDRE UTILE EN FAISANT DE BEAUX ENFANTS À MON ROCCO... SI TU CROIS QU'ON VA GASPILLER NOTRE NOURRITURE POUR TA BELLE GUEULE...
... TU TE TROMPES, PETITE GARCE.
QUE ÇA FASSE TAIRE LES MÉDISANTS ! MICHELINA ÉTAIT PUCELLE.

TOi AUSSi, MAUVAISE, TU NE ME DONNERAS PAS DE FiLS ! C'EST BiEN MA CHANCE, JE SUiS TOMBÉ SUR UNE AUTRE JANARA.
DE COMBIEN DE FEMMES AURAS-TU BESOIN POUR COMPRENDRE QUE LE PROBLÈME VIENT DU PETIT BOUT DE CHAIR QUi TE PEND ENTRE LES JAMBES ?
TU VAS TE TAIRE, SALE PUTAIN ?!

* LE TERME STROZZAPRETI, DONT LA TRADUCTION EST LITTÉRALEMENT "ÉTRANGLE-CURÉS", DÉSIGNE UNE SPÉCIALITÉ DE PÂTES. STROZZAMARITI SIGNIFIE "ÉTRANGLE-MARIS".

"FRÈRES, N'AYEZ DE DETTE ENVERS PERSONNE, SAUF CELLE DE L'AMOUR MUTUEL..."
"... CAR CELUI QUI AIME LES AUTRES A PLEINEMENT ACCOMPLI LA LOI. LA LOI DIT..."
"... TU NE COMMETTRAS PAS D'ADULTÈRE, TU NE COMMETTRAS PAS DE MEURTRE..."
"... TU NE COMMETTRAS PAS DE VOL..."
"... TU NE CONVOITERAS PAS."
"CES COMMANDEMENTS ET TOUS LES AUTRES..."
"... SE RÉSUMENT DANS CETTE PAROLE..."
"... TU AIMERAS TON PROCHAIN COMME TOI-MÊME."

ROCCO TAN
ET QUI VA S'OCCUPER D'ELLE, MAINTENANT ? LA FAMILLE DE ROCCO NE LUI LAISSERA RIEN.
NON, CRISTIANA. ELLE NE REVIENDRA PAS CHEZ NOUS. TA SŒUR DOIT S'EN SORTIR TOUTE SEULE... ELLE L'A CHERCHÉ.
QU'EST-CE QUE TU INSINUES ?
IL AVAIT LES LÈVRES NOIRES, CRI.
PERSONNE N'EST DUPE.

HÉ ! TU PEUX NOUS RAMENER PLUS DE PAILLE, POUR CACHER LES ARMES ?
TU CROIS VRAIMENT QUE ÇA VA MARCHER ?
LES TURINOIS SONT TELLEMENT SÛRS D'ÊTRE PLUS MALINS QUE NOUS, ILS NE S'ATTENDRONT PAS À ÇA.

VOUS ÊTES PRÊTES, JE PEUX VOUS PASSER LES MENOTTES ?
DANS UNE AUTRE SITUATION, L'OFFRE SERAIT ALLÉCHANTE.
HÉ ! RETIENS-TOI UN PEU, C'EST MON HOMME.
JE RIGOLE. C'EST FOU COMME TU ES TENDUE !
TU VEUX QUE JE TE BÂILLONNE AUSSI, NICOLINA ?
TU TE SOUVIENS DE CE QU'IL FAUT FAIRE POUR OUVRIR LE MÉCANISME ?
TU ME L'AS DÉJÀ MONTRÉ DIX FOIS. VA PLUTÔT FINIR DE TE PRÉPARER, T'AS PLUS L'AIR D'UN BANDIT QUE D'UN SOLDAT.

TU PENSES QUE JE DOIS METTRE UN UNIFORME DE BLEU ? JE VOULAIS PRENDRE CELUI DE CARAMELLA, MAIS IL EST TACHÉ DE SANG.
ALORS TANT PIS POUR LE DÉGUISEMENT : MÊME S'ILS NE CONNAISSENT PAS CARAMELLA, ÇA RISQUE DE LEUR METTRE LA PUCE À L'OREILLE. SI ON TE DEMANDE, TU N'AURAS QU'À DIRE QU'IL EST TOUJOURS SUR TA PISTE.
TU AS RAISON, COMME TOUJOURS.
SOYEZ ATTENTIFS, LES SOLDATS NOUS ABATTRONT AU PREMIER GESTE SUSPECT. ATTENDEZ BIEN LE SIGNAL AVANT DE SORTIR VOS ARMES. NOUS AVONS DES HOMMES PLANQUÉS AUTOUR DU FORT, MAIS À L'INTÉRIEUR, TOUS LES FUSILS PIÉMONTAIS SERONT BRAQUÉS SUR NOUS.
N'OUBLIEZ PAS, JE SUIS LÀ POUR VOUS PROTÉGER. QUAND JE TIRE, JE NE RATE JAMAIS MA CIBLE !
J'ESPÈRE QUE LA MADONE T'ÉCOUTE. JE NE VOUDRAIS PAS QU'UN DE CES MAUDITS NORDISTES TE FASSE MENTIR.

ALLONS-Y, MES AMIS, ALLONS METTRE FIN À LA TYRANNIE PIÉMONTAISE !

CIAO, SORELLINA !
GIOVANNI, JE SUIS SI HEUREUSE DE TE REVOIR.
JE T'AI ATTENDU, LE JOUR DE MON MARIAGE, ESPÉRANT QUE TU VIENDRAIS M'ARRACHER AUX GRIFFES DE CETTE ORDURE !
J'ÉTAIS PARTI ME CACHER DANS LES MONTAGNES, ME FAIRE OUBLIER PENDANT QUELQUE TEMPS. J'AI DÛ CHANGER DE NOM ET COUPER TOUS LES LIENS QUI ME RETENAIENT. J'AVAIS REÇU TA LETTRE, MAIS JE PENSAIS QUE TU SERAIS PLUS EN SÉCURITÉ ICI...
"EN SÉCURITÉ" ? AUX MAINS D'UN VIEUX DÉGUEULASSE QUI NE FAISAIT QUE ME BATTRE ? EH BIEN, C'EST RÉUSSI.
TU DOIS COMPRENDRE... LES PIÉMONTAIS EN ONT APRÈS MOI. S'ILS ME CAPTURENT, JE SERAI CONDAMNÉ À MORT. JE NE VOULAIS PAS QUE CRI ET TOI AYEZ À EN SOUFFRIR.
ALORS, POURQUOI REVENIR ? TU N'AVAIS QU'À Y RESTER, DANS TES MONTAGNES, SI ELLES TE PLAISAIENT TANT !
TU ME MANQUAIS TROP, GRANDE SOEUR. ET QUAND J'AI SU QUE LE VIEUX ROCCO ÉTAIT MORT, JE ME SUIS DIT QUE...
QU'IL ÉTAIT TEMPS QUE TU ME REJOIGNES, DANS LA RÉSISTANCE !

SI TU VEUX EN SAVOIR PLUS, REJOINS-MOI CE SOIR À L'AUBERGE DE GALLUCIO.
TOUT VA BIEN, MICHELINA ?
OUI, MON PÈRE.
QUI ÉTAIT-CE ?
PERSONNE, JUSTE UN FANTÔME DU PASSÉ.

LE SOIR MÊME...
PSST.
MICHELINA, MERCI D'ÊTRE VENUE.
JE SUIS LÀ PARCE QUE TU ME L'AS DEMANDÉ, MAIS JE NE SUIS PAS ENCORE SÛRE DE VOULOIR TE SUIVRE, GIOVANNI.
JE NE M'APPELLE PLUS COMME ÇA. JE SUIS NINO DE CASPOLI, CAPO DE LA BANDE DU GUERRA, MAINTENANT.
CRISTIANA AVAIT RAISON, TU N'ES RIEN QU'UN BRIGAND ! SI PAPA ÉTAIT ENCORE VIVANT, IL TE METTRAIT UNE SACRÉE DÉROUILLÉE.
AU CONTRAIRE, JE PENSE QU'IL SERAIT FIER DE MOI ! IL N'A JAMAIS AIMÉ LES CHEMISES ROUGES.
IL N'A JAMAIS AIMÉ LES VOLEURS NON PLUS. MES OREILLES S'EN SOUVIENNENT, ET LES TIENNES AUSSI.
JE VOIS QUE TU N'AS PAS OUBLIÉ COMMENT UTILISER TES MAINS LESTES. LE GUERRA EN AURAIT BIEN BESOIN.
ET QU'EST-CE QUI TE FAIT CROIRE QUE J'AI ENVIE DE VOLER POUR QUELQU'UN ? JE PEUX M'EN SORTIR TOUTE SEULE, JE...
ARRÊTE, LINA ! JE SAIS QUE LE ROCCO NE T'A RIEN LAISSÉ. LES GENS PARLENT DANS TON DOS. "IL A PRÉFÉRÉ TOUT LÉGUER À SON NEVEU PLUTÔT QU'À CETTE *SGUALDRINELLA**", QU'ILS DISENT. TU N'AS PLUS D'AVENIR AU VILLAGE.
* "PETITE SALOPE".

ÉCOUTE, SI TU VEUX VRAIMENT FAIRE QUELQUE CHOSE DE TA VIE, REJOINS-NOUS. LE GUERRA EST PRÊT À T'ACCUEILLIR SUR MA RECOMMANDATION, MAIS TU DEVRAS FAIRE TES PREUVES.
JE N'AI RIEN À PROUVER À PERSONNE. IL VEUT QUOI, TON GUERRA ? QUE JE LUI FASSE LES POCHES ?
PRESQUE.
IL Y A UN GRADÉ QUI PASSE LA NUIT À L'AUBERGE, UNE ESTAFETTE QUI APPORTE DES ORDRES DE ROME. NOUS AVONS BESOIN DE CES DOCUMENTS POUR ANTICIPER LES MOUVEMENTS DE L'ENNEMI...
N'EN DIS PAS PLUS. TU VEUX CES PAPIERS ? TU VAS LES AVOIR !

JE PEUX VOUS AIDER, MADAME ? VOUS CHERCHEZ QUELQU'UN ?
OUI, JE CHERCHE UN HOMME D'HONNEUR QUI SERAIT PRÊT À INVITER UNE INDIGENTE À SA TABLE.
JE CRAINS QUE VOUS NE DEVIEZ DEMANDER À UN AUTRE GENTILHOMME. JE NE SUIS PAS AMATEUR DE FILLES LÉGÈRES.
COMMENT OSEZ-VOUS ? MONSIEUR, JE NE DONNE PAS DANS LE COMMERCE DE MON CORPS. JE VIENS DE PERDRE MON MARI ET MON FOYER.
JE N'AI PAS MANGÉ DE VRAI REPAS DEPUIS... DEPUIS LA MORT DE MON PAUVRE ROCCO...
VEUILLEZ EXCUSER MA GROSSIÈRETÉ, MADAME. ASSEYEZ-VOUS, JE VOUS EN PRIE.

QUEL APPÉTIT !
JE... JE NE SAIS PAS COMMENT VOUS REMERCIER.
COMMENCEZ PAR ME DIRE VOTRE NOM.
MICHELINA DI... TANGA.
FRANCESCO MONCALIERI, CAPITAINE DES CHEVAU-LÉGERS D'ALEXANDRIE, POUR VOUS SERVIR.
OH... VOUS ÊTES QUELQU'UN D'IMPORTANT. MOI, JE NE SUIS QU'UNE PAUVRE CIOCIARA...

QUI ÊTES-VOUS ? JE NE VOUS AI JAMAIS VU PAR ICI.
VOUS VOUS ADRESSEZ À UN GRADÉ. OÙ AVEZ-VOUS APPRIS LA DISCIPLINE, SOLDAT ?
HEU... RAIMONDO IEMMA, 1re CLASSE DU 11e. JE VOUS PRIE DE M'EXCUSER, CAPITAINE, C'EST QU'UNE ESTAFETTE ÉTAIT ATTENDUE AU FORT DANS LA SOIRÉE, ET QU'ELLE N'EST PAS ENCORE ARRIVÉE...
CAR ELLE SE REPOSE DANS UNE AUBERGE, APRÈS UNE LONGUE ET EXTÉNUANTE JOURNÉE DE VOYAGE.
C'EST QUE... LE GÉNÉRAL PALLAVICINI VOUS ATTEND, CAPITAINE.
EH BIEN, IL ATTENDRA QUE MON CHEVAL ET MOI-MÊME AYONS PRIS LE TEMPS DE SOUFFLER. LA PAUVRE BÊTE EST À BOUT, ET JE SOUHAITE ÊTRE FRAIS ET DISPOS POUR FAIRE MON RAPPORT AU GÉNÉRAL. RENTREZ AU FORT ET TRANSMETTEZ-LUI CE MESSAGE, JE SUIS SÛR QU'IL COMPRENDRA.
À VOS ORDRES, CAPITAINE. PROFITEZ BIEN DE VOTRE SOIRÉE... ET DES SPÉCIALITÉS LOCALES.

JE VOUS REMERCIE DE VOTRE GENTILLESSE, CAPITAINE MONCALIERI, MAIS JE NE VOUDRAIS PAS EN ABUSER. IL NE FAUDRAIT PAS QUE VOS HOMMES SE FASSENT DES IDÉES.
AVANT DE PARTIR, JE CROIS QUE VOUS DEVEZ ME RENDRE QUELQUE CHOSE QUI M'APPARTIENT.
PAS BESOIN DE FAIRE UNE SCÈNE ICI. SUIVEZ-MOI, NOUS ALLONS EN DISCUTER DEHORS.
ALORS, PETITE VOLEUSE ! RENDS-MOI CE QUE TU M'AS PRIS !

AUSSI AGILE QUE DANGEREUSE. TON FRÈRE AVAIT RAISON, MAIS IL M'A CACHÉ QUE TU ÉTAIS AUSSI TRÈS BELLE.
QUOI ? VOUS CONNAISSEZ GIOVANNI ?
JE SUIS FRANCESCO GUERRA. DÉSOLÉ DE T'AVOIR ARRACHÉ DES CHEVEUX.
SALE TRAÎTRE ! QU'EST-CE QUE ÇA VEUT DIRE ?
"TRAÎTRE", MOI ? JE NE RÉPONDS AUX ORDRES DE PERSONNE D'AUTRE QUE MOI-MÊME. JE VOULAIS TESTER TES CAPACITÉS, C'EST TOUT.
EN TOUT CAS, JE SUIS SATISFAIT DE CE QUE TU M'AS MONTRÉ ! SI JE N'AVAIS PAS SU D'AVANCE QUE TU VENAIS POUR ME VOLER, JE SERAIS TOMBÉ DANS LE PANNEAU. TA TECHNIQUE EST ENCORE PERFECTIBLE, IL N'Y AURA PAS TOUJOURS DE DIVERSION COMME CE SOIR POUR TE FACILITER LA TÂCHE.
VIENS AVEC MOI, ET JE POURRAI T'APPRENDRE UNE CHOSE OU DEUX.

SUIS-MOI OU RESTE, MAIS CHOISIS VITE : LES SOLDATS NE VONT PAS TARDER À REVENIR QUAND ILS DÉCOUVRIRONT LA SUPERCHERIE, ET ILS RISQUENT DE CHERCHER ÉGALEMENT LA JEUNE FEMME QUI ÉTAIT ATTABLÉE AVEC MOI POUR L'INTERROGER.
JE PEUX T'ASSURER QUE JE SERAI PLUS DOUX QU'EUX.

HÉ, LÀ !
MARINO, TOUT EST PRÊT DE VOTRE CÔTÉ ?
NOUS CONTRÔLONS DÉJÀ TROIS TOURS DE GUET, LA DERNIÈRE NE DEVRAIT PAS TARDER À TOMBER.
EXCELLENT.
BON TRAVAIL. À NOUS DE JOUER, À PRÉSENT. ON COMPTE SUR VOTRE SOUTIEN !
NOTRE BANDE EST SOUS VOTRE PATRONAGE, GUERRA.

ET BIEN SÛR SOUS LE VÔTRE AUSSI, MICHELINA.
EN ROUTE ! NE PERDONS PAS PLUS DE TEMPS.
OOO

QU'AVONS-NOUS LÀ ? ON M'AVAIT PARLÉ DE PLUSIEURS INSURGÉS, JE NE M'ATTENDAIS PAS À TROUVER DEUX PAYSANNES.
CE NE SONT PAS DE SIMPLES CIOCIARE, GÉNÉRAL, MAIS LES PUTES DU GUERRA ! REGARDEZ !
ALLONS BON !
BEAU TRAVAIL, SOLDATS. CE SOIR, VOUS AUREZ DROIT À UNE BARRIQUE DE VIN POUR TOUTE LA COLONNE.
EH BIEN, QUEL FLEGME ! JE DOIS VOUS FÉLICITER, COLONEL CARAMELLA. VOS HOMMES SONT DE VRAIS SOLDATS, PAS COMME CES SOUDARDS !
COLONEL ?

LE COLONEL EST PARTi SUR LA PISTE DU GUERRA. iL NOUS REJOiNDRA PLUS TARD, MON GÉNÉRAL.
ET POURQUOi NE M'A-T-ON PAS PRÉVENU PLUS TÔT ? C'EST MOi QUi DONNE LES ORDRES, iCi.
iL A iNTÉRÊT À NE PAS REVENiR LES MAiNS ViDES, SiNON iL VA M'ENTENDRE.
EN ATTENDANT, FiNiSSONS-EN AVEC CES DEUX-LÀ.
iL FAUT QUE JE VÉRiFiE QU'iL N'Y A PAS ERREUR SUR LA PERSONNE.

ALORS, C'EST TOI QUI TERRORISES MES HOMMES ? ILS ONT L'AIR DE PENSER QUE TU ES UNE SORCIÈRE.
ET ILS ONT RAISON ! SI TU NE RETIRES PAS TA MAIN TOUT DE SUITE, TU VAS EN FAIRE L'AMÈRE EXPÉRIENCE.
FAIS ATTENTION À CE QUE TU DIS ! IL N'Y A PAS SI LONGTEMPS, ON BRÛLAIT LES FILLES COMME TOI.
CLICK
MAIS AUJOURD'HUI, C'EST LES PORCS COMME TOI QU'ON ÉGORGE.
MAINTENANT !

ALORS, MONSIEUR LE GÉNÉRAL, QU'EST-CE QUE VOUS PENSEZ DE ÇA ? SUIS-JE À LA HAUTEUR DE MA RÉPUTATION ?
VOUS ÊTES COMPLÈTEMENT FOLLES. QU'EST-CE QUE VOUS CROYEZ OBTENIR ?
RIEN D'AUTRE QUE DES ARMES ET DES PROVISIONS. NOUS EN AVONS ASSEZ D'ATTAQUER VOS CONVOIS ALORS QUE LE GARDE-MANGER EST SOUS NOTRE NEZ. ET PEUT-ÊTRE BIEN QU'UN OTAGE DE QUALITÉ COMME VOUS POURRAIT AMÉLIORER NOS AFFAIRES...
NOUS VOUS LAISSERONS LA VIE SAUVE SI VOUS NE...
CRACK
ET MERDE...

QUI A TIRÉ ?
SÛREMENT UN DES CRÉTINS À LA GÂCHETTE FACILE DE LA BANDE À MARINO.
IL FAUT QU'ON SORTE DE LÀ !
MES HOMMES NE VOUS LAISSERONT JAMAIS PARTIR. ILS VOUS ÉCRASERONT JUSQU'AU DERNIER.
ON N'A QU'À TE PRENDRE COMME BOUCLIER. ILS N'OSERONT PAS TE TIRER DESSUS.
ILS NE FERONT PAS DE QUARTIER. JE LES AI ENTRAÎNÉS POUR ÇA.
IL A RAISON. ILS SE BATTRONT JUSQU'AU BOUT ! C'EST NOUS QUI AVONS TIRÉ LES PREMIERS. ILS N'ONT RIEN À PERDRE ET ILS SONT EN SURNOMBRE.
TAK TAK TAK
ON NE PEUT PAS RESTER SOUS LE FEU, IL FAUT QU'ON TROUVE UN MOYEN DE SORTIR.
BANG BANG
BATTEZ-VOUS ET MOUREZ, TERRONI, CELA NOUS SIMPLIFIERA LA TÂCHE.
KRAK
KROK
MAIS FERME-LA !

IL A RAISON, MON AMOUR.
JE SAIS. MAIS NOUS ALLONS VENDRE CHÈREMENT NOTRE PEAU.
BANG
BANG
BANG
KRAK

À PRÉSENT, ASSEYEZ-VOUS ET DEMANDEZ À VOTRE AMI D'ARRÊTER DE BOUGER, IL ME DÉCONCENTRE.
LA PHOTO VA ÊTRE FLOUE, SI VOUS CONTINUEZ À TOURNER LA TÊTE !
QU'EST-CE QU'IL Y A ? TU ME DONNES LE VERTIGE, À FAIRE LES CENT PAS.
C'EST CET ENGIN DE MALHEUR ! SI J'AVAIS SU CE QUE TU COMPTAIS FAIRE, J'AURAIS REFUSÉ DE T'AMENER À ROME.
POURQUOI ? QU'EST-CE QUI TE DÉRANGE ?

JE N'AI PAS ENVIE QUE D'AUTRES HOMMES PUISSENT TE REGARDER À LONGUEUR DE JOURNÉE... OU LE SOIR DANS LA CHALEUR DE LEUR LIT.
POURQUOI ? TU ES JALOUX ? JE SUIS AU REGRET DE T'APPRENDRE QUE TU N'ES PAS MON PREMIER AMANT. JE SUIS VEUVE, SOUVIENS-TOI.
JE LE SAIS BIEN, MAIS TOUT DE MÊME...
ÇA N'EST QU'UNE IMAGE... ALORS QUE JE SUIS LÀ, AVEC TOI.
MAIS CES PHOTOGRAPHIES, CE SONT DES ARMES FORMIDABLES POUR MENER NOTRE COMBAT. ELLES VONT NOUS PERMETTRE DE TRANSMETTRE UN MESSAGE PUISSANT...
"REJOIGNEZ-NOUS ET BATTEZ-VOUS !"
AVANT, J'ÉTAIS ESCLAVE – DE MON MARI, DE LA VIE, DE CE NOUVEL ÉTAT QUI NOUS LAISSE CREVER DE FAIM ET NOUS ASSOMME DE TAXES... MAIS C'EST FINI. GRÂCE À MA PHOTO, LES FEMMES SE JOINDRONT À NOUS, ET LEURS HOMMES SUIVRONT. LES ENFANTS GRANDIRONT EN VOYANT LEURS PARENTS SE BATTRE POUR UNE JUSTE CAUSE, ET...
DEO JESV

JE COMPRENDS, LINA. POUR TOI, JE VEUX BIEN METTRE MA JALOUSIE EN SOURDINE. MAIS TON PLAN EST AMBITIEUX... TU ES SÛRE QUE LES HOMMES NOUS REJOINDRONT ? BEAUCOUP DE CLANS NE SONT COMPOSÉS QUE DE BRIGANDS SANS FOI NI LOI, QUI NE VOUDRONT JAMAIS S'UNIR SOUS UNE SEULE BANNIÈRE.
EH BIEN, DONNONS-LEUR UNE RAISON DE LE FAIRE ! JE SUIS UNE FEMME, ET CERTAINS, COMME LE PACE OU LE MARINO, N'ACCEPTERONT JAMAIS DE SE BATTRE POUR MOI. MAIS TOI, ILS TE RESPECTENT.
ET TU CROIS QUE JE PEUX M'IMPOSER COMME ÇA ET PRENDRE LA TÊTE DE TOUTES LES BANDES ? D'AUTRES ONT ESSAYÉ AVANT MOI. REGARDE CE QUI RESTE DU RAVANELLO DI ROCCAMANDOLFI ! IL POURRIT SIX PIEDS SOUS TERRE, UN POIGNARD PLANTÉ DANS LE DOS.
J'AI PEUT-ÊTRE UNE IDÉE POUR LES RASSEMBLER. APRÈS TOUT, MON DEUIL EST FINI DEPUIS LONGTEMPS...

* "VIVE LES MARIÉS !"

* "MAUDITS SAVOYARDS !" LE ROI D'ITALIE VITTORIO EMANUELE II DESCENDAIT DE LA DYNASTIE DES SAVOIE, APPELÉS SABAUDI EN ITALIEN.
** "ITALIE UNIFIÉE".

NOTRE UNITÉ CONTRE LA LEUR !
AUJOURD'HUI, NOUS NOUS BATTONS CONTRE L'ARMÉE, DES COLLINES DE MIGNANO JUSQU'À CAMPOBASSO, CASERTA ET SORRENTO. ET POURTANT, NOUS PERDONS DU TERRAIN À CAUSE DE NOS DIVISIONS INTERNES.
ET SOUS QUEL DRAPEAU COMPTES-TU NOUS UNIFIER ? LE TIEN ?! TU VEUX FINIR COMME LE RAVANELLO ?
CHACUN D'ENTRE NOUS DÉFEND SON VILLAGE, ET SI NOUS AVIONS BESOIN D'UN CHEF, C'EST PAS UNE GRANDE GUEULE COMME TOI QU'ON CHOISIRAIT, GUERRA !
PARCE QU'ON SERAIT MIEUX SOUS LE PATRONAGE D'UN PLEUTRE QUI A FUI LE CHAMP DE BATAILLE, PEUT-ÊTRE ?
FAIS GAFFE, GUERRA... C'EST PEUT-ÊTRE TON MARIAGE, MAIS TU FERAIS MIEUX DE LA FERMER SI TU VEUX PAS QUE JE TE FASSE RAVALER TES MOTS.
EH BIEN, QU'EST-CE QUE TU ATTENDS, ESPÈCE DE LÂCHE ?...
BASTA !
TOUT LE MONDE S'ASSOIT. ET RANGEZ-MOI CES COUTEAUX.
TOI AUSSI, FRANCESCO !

ALORS QUOI, VOUS ALLEZ LAISSER VOTRE ORGUEIL VOUS AVEUGLER ? FRANCESCO A RAISON ET VOUS LE SAVEZ. ENSEMBLE, NOUS SOMMES PLUS FORTS.
PACE, TU REÇOIS DES ARMES DU PONTIFICAT, MAIS TU N'AS PAS DE QUOI NOURRIR TES HOMMES.
MARINO, TU CONTRÔLES LA ROUTE ENTRE NAPLES ET ROME, MAIS TU N'AURAS BIENTÔT PLUS D'HOMMES VALIDES À CAUSE DES RAIDS DE L'ARMÉE.
CICCONE, TES HOMMES SE BATTENT AVEC DES FOURCHES CAR TU MANQUES DE FUSILS. QUANT À NOUS, NOUS AVONS LA CONFIANCE DU PEUPLE ; IL NE NOUS MANQUE QUE LA VÔTRE.
JE SUIS D'ACCORD AVEC TOI, MICHELINA, MAIS NOUS AVONS BESOIN D'UN SEUL CHEF, DE QUELQU'UN QUI COORDONNE TOUT, ET CHAQUE HOMME ICI PEUT S'ESTIMER LÉGITIME POUR ENDOSSER CE RÔLE.
EH BIEN, VOUS N'AVEZ QU'À LAISSER LA PLACE À UNE FEMME, SI VOUS N'ARRIVEZ PAS À VOUS DÉCIDER.
ELLE EST FOLLE !
NON, JE NE SUIS PAS FOLLE ! LEQUEL D'ENTRE VOUS N'A PAS MA PHOTOGRAPHIE CHEZ LUI ? QUI N'A PAS ENTENDU PARLER DE LA MADONE CIOCIARA ? JE SUIS PLUS QU'UN SYMBOLE, JE REPRÉSENTE L'ESPOIR DE NOTRE PEUPLE... LAISSEZ-MOI VOUS GUIDER.

DITES-MOI QUI, ICI, A MENÉ DE NOMBREUSES ATTAQUES QUI ONT MIS LES PIÉMONTAIS SUR LES DENTS, SANS MORTS NI BLESSÉS DANS NOS RANGS ?
C'EST TOI, LINA !
ET QUI A EU L'IDÉE DE TOUS VOUS CONVIER AUJOURD'HUI POUR VOUS CONVAINCRE D'UNIR VOS FORCES ?
C'EST ENCORE TOI !
AVEC MOI À VOTRE TÊTE, VOUS RETROUVEREZ VOTRE FIERTÉ DE CIOCIARI ! FINI LE BRIGANDAGE, NOUS ALLONS HARCELER NOS ENNEMIS JUSQU'À CE QU'ILS PARTENT. IL EST TEMPS D'ARRÊTER D'ÉCRASER LES FOURMIS UNE PAR UNE ET D'ENFUMER LA FOURMILIÈRE.
ALORS, QUI EST AVEC MOI ?

EVVIVA MICHELINA !
EVVIVA MICHELINA !
EVVIVA MICHELINA !
EVVIVA MICHELINA !

PAM!
BLAM!
SLASH

LIIIWA!
EST-CE QUE ÇA VA ?
CES SALAUDS M'ONT EUE.
NE T'INQUIÈTE PAS POUR MOI, CE N'EST QU'UNE BLESSURE SUPERFICIELLE.
TU ES SÛRE ?
BANG LAM BANG BLAM BANGBLA
OUI, VA, LES AUTRES ONT BESOIN DE TOI !
PAW!

BANG BLAM BANG BANG BLAM! BANG BLAM!
BANG BLAM BANG BLAM
CRACK
TENEZ VOS POSITIONS ! BATTEZ-VOUS JUSQU'À LA FIN.
MERDE ! PLUS DE BALLES.

SLASH
BLAM !
PAW
PAW
ENFIN, VOUS VOILÀ ! JE N'Y CROYAIS PLUS !
DÉSOLÉ, NOUS AVONS DÛ CONTOURNER CASTELFORTE, LA GARNISON ROMAINE CAMPE LÀ-BAS. AVEC LE BOUCAN QUE VOUS FAITES, ILS NE VONT PAS TARDER À RAPPLIQUER.
LES ROMAINS ? D'APRÈS MON INFORMATEUR, ILS DEVAIENT ÊTRE EN MANŒUVRE PRÈS DE CASSINO !
EH BIEN, TON INFORMATEUR T'A MENTI. NOUS SOMMES ICI POUR VOUS AIDER À FUIR AVANT QUE LE PIÈGE NE SE REFERME.
FRANCESCO, RETRAITE !
RETRAITE ! RETRAITE !

BANG
KROW
BLAM!
BANG!
BANG!

VOUS AVEZ VU MON FRÈRE ? QUELQU'UN A VU NINO ?
VIENS, LINA, PARTONS D'ICI, ILS SONT SUR NOS TALONS.
MAIS... JE NE PEUX PAS LAISSER GIOVANNI...
JE NE L'AI PAS VU TOMBER. IL S'EST SÛREMENT ENFUI AVANT NOUS...
MAIS TU N'EN ES PAS SÛR !
JE DOIS Y ALLER, JE NE PEUX PAS LE LAISSER ENTRE LEURS MAINS...

GIOVANNI...

NINO, TU TE RAPPELLES CE QUE TU DOIS FAIRE ?
MAIS LE CURÉ A DIT QUE C'ÉTAIT PÉCHER, QUE DE VOLER ! IL A DIT QUE MAMAN VOYAIT TOUT CE QU'ON FAISAIT DEPUIS LE CIEL, ET QU'ELLE SERAIT TRISTE SI ON N'ÉTAIT PAS SAGES.
JE SUIS SÛRE QU'ELLE PRÉFÈRE TE VOIR AVEC LE VENTRE PLEIN QUE MORT DE FAIM. ALLEZ, COURAGE !

LiNA, NiNO ? QU'EST-CE QUE VOUS FAITES ? NE ME DITES PAS QUE VOUS ALLEZ RECOMMENCER VOS BÊTISES ! LES COUPS DE TRIQUE DU VIEUX NE VOUS ONT PAS SUFFi ?
ÇA FAIT MAL, MAIS MOINS QUE D'AVOIR FAIM !
TU N'AS PAS ENVIE D'ÉPAISSIR UN PEU LA SOUPE ?
AU LIEU DE NOUS RALENTIR, VA PLUTÔT FAIRE LE GUET À L'ANGLE. ON S'ÉCHAPPERA PAR LÀ.
SLAP

QU'EST-CE QU'IL Y A, PETIT ? QU'EST-CE QUE TU VEUX ?
UAAAAA
ALLEZ, ARRÊTE, GAMIN, ON VA CROIRE QUE TU PLEURES À CAUSE DE MOI.
TAIS-TOI, TU VAS FAIRE FUIR LA CLIENTÈLE.
TIENS, PRENDS CETTE TOMATE ET VA JOUER AILLEURS.

ENCORE TOI, SALE PETITE VOLEUSE ?! CETTE FOIS, TU NE T'ÉCHAPPERAS PAS.
STUNK !
AÏE !
NINO, VA-T'EN !
LINA, OÙ EST NINO ?
IL EST JUSTE DERRIÈRE MOI.

MAIS... SNIF ! J'AI RIEN FAIT, C'EST PAS MOI... C'EST LINA, QUI M'A DIT DE LE FAIRE.
JE LE SAVAIS, IL EST COMPLICE DE LA PETITE PUTAIN ! LAISSEZ-MOI LUI DONNER UNE BONNE LEÇON.
CE N'EST PAS À VOUS DE RENDRE LA JUSTICE. MAIS, NE VOUS INQUIÉTEZ PAS, NOUS ALLONS NOUS ASSURER QUE LEUR PÈRE PAYE POUR CE QUI A ÉTÉ VOLÉ. ET QUE CES DEUX MALANDRINS REÇOIVENT UNE JUSTE PUNITION.
MAIS PUISQUE JE VOUS DIS QUE J'Y SUIS POUR RIEN ! C'EST ELLE, QUI M'A OBLIGÉ.

FOUILLEZ PARTOUT ! ILS N'ONT PAS PU TOUS S'ENFUIR.
PAS UN BRUIT, OU TU NE VERRAS PAS LE SOLEIL SE LEVER.
ÇA VAUT AUSSI POUR TOI, BRIGAND.
STUNK !

SPLASH !
ON PEUT DIRE QUE TU AS DE LA CHANCE. PARMI TES AMIS, TOUS CEUX QUI N'ONT PAS PRIS LA FUITE SONT MORTS. RÉPONDS À MES QUESTIONS, ET JE TE LAISSERAI PEUT-ÊTRE LA VIE SAUVE.
PLUTÔT CREVER, MAUDIT PIÉMONTAIS. JE N'AI RIEN À TE DIRE !
TRÈS BIEN, TU NE ME LAISSES PAS LE CHOIX. ON VA QUAND MÊME S'AMUSER UN PEU, TOUS LES DEUX.
ÇA, C'EST POUR M'AVOIR ENFERMÉ AVEC CES DEUX SORCIÈRES.
ALLEZ-Y !
ÇA SUFFIT, RELEVEZ-LE !
DIS-MOI OÙ SE CACHENT LES TIENS, ET JE FERAI EN SORTE D'ABRÉGER TES SOUFFRANCES.

TU PEUX CREVER, SALE CHIEN !
LE SEUL CHIEN, ICI, C'EST TOI ; ET JE VAIS TE DRESSER !
COMMENCE PAR ME DIRE TON NOM, BÂTARD.
AAAH ! NINO... NINO DE CASPOLI.
TU MENS ! ON M'A DÉJÀ PARLÉ DE TOI. À CE QU'ON RACONTE, TU ES LE FRÈRE DE CETTE SALOPE !
PTU !
JE T'INTERDIS DE PARLER D'ELLE COMME ÇA !
SINON QUOI ? TU N'ES PAS EN MESURE D'EXIGER QUOI QUE CE SOIT. TA SOEUR T'A ABANDONNÉ, ELLE S'EST ENFUIE SANS SE RETOURNER. TU CROIS VRAIMENT QU'ELLE VA REVENIR POUR TE SAUVER ? MAINTENANT, DIS-MOI OÙ ELLE SE CACHE !
TUE-MOI, JE NE LA TRAHIRAI JAMAIS !

JE DOIS ADMETTRE QUE TU ES PLUS CORIACE QUE TU EN AS L'AIR. MAIS TU FINIRAS PAR CRAQUER.
GÉNÉRAL, UN PAYSAN VIENT D'ARRIVER ET SOUHAITE S'ENTRETENIR AVEC VOUS.
IL ATTENDRA QUE J'EN AIE FINI ICI.
IL DIT QU'IL EST DE LA FAMILLE DE MICHELINA DI CESARE.
TU ENTENDS ÇA ? ON DIRAIT QUE LA CHANCE ME SOURIT, FINALEMENT.
OCCUPEZ-VOUS DE LUI, MAIS NE LE TUEZ PAS. IL NOUS SERA PEUT-ÊTRE ENCORE UTILE.

JE SUIS LE GÉNÉRAL PALLAVICINI, VOUS VOULIEZ ME VOIR ? J'ESPÈRE QUE VOUS N'ALLEZ PAS ME FAIRE PERDRE MON TEMPS, MONSIEUR...
LORENZO PACE, GÉNÉRAL. JE... JE SUIS LE BEAU-FRÈRE DE LA MICHELINA. JE SUIS VENU VOUS VOIR PARCE QUE JE N'EN PEUX PLUS.
CELA FAIT DES MOIS QUE CES BRIGANDS NOUS PRENNENT TOUTES NOS RESSOURCES. CE SOIR, ILS ONT PRIS MON DERNIER COCHON. IL NE ME RESTE PLUS QU'UN ÂNE ET, BIENTÔT, ILS LE PRENDRONT AUSSI. MA FEMME LES LAISSE FAIRE PAR AMOUR POUR SA SŒUR, MAIS ÇA NE PEUT PLUS DURER.
JE VOUS COMPRENDS. CES CIOCIARI SE PRÉSENTENT COMME VOS LIBÉRATEURS, MAIS ILS VOUS ÉCRASENT SOUS LEURS BOTTES.
ILS NE SONT PAS SI DIFFÉRENTS DE NOUS, EN SOMME.
CE N'EST PAS CE QUE JE VOULAIS DIRE... JE VOUDRAIS JUSTE QUE ÇA S'ARRÊTE...
HO ! MAIS ÇA VA S'ARRÊTER, MON CHER LORENZO. VOUS N'AVEZ QU'À M'INDIQUER OÙ LES TROUVER, ET JE ME CHARGE DE VOUS LIBÉRER DU JOUG DE CES BRIGANDS... L'ITALIE UNIFIÉE VOUS EN SERA REDEVABLE.

L'ORAGE APPROCHE, LINA. NOUS FERIONS MIEUX DE RENTRER.
NON, NINO NOUS A DONNÉ RENDEZ-VOUS ICI. JE L'ATTENDRAI TOUTE LA NUIT S'IL LE FAUT.
ALLONS FAIRE LE GUET À L'ENTRÉE DE LA VALLÉE, AU CAS OÙ IL SERAIT SUIVI.
TU ES SÛRE QU'ON PEUT LUI FAIRE CONFIANCE ? IL NE DONNE AUCUN SIGNE DE VIE PENDANT DEUX SEMAINES, ET SOUDAIN, LE REVOILÀ.
D'APRÈS LORENZO, IL A PRIS UNE BALLE DANS LA JAMBE ET S'EST CACHÉ DANS UNE CHARRETTE DE PAILLE PENDANT TROIS JOURS. C'EST UN MIRACLE QU'IL S'EN SOIT SORTI SANS SE FAIRE REPÉRER.
TU SAIS CE QUE JE PENSE DES MIRACLES, LINA.
POURQUOI MET-IL AUTANT DE TEMPS ?
NE SOIS PAS TROP PRESSÉE. SI TU VEUX, JE CONNAIS UNE OU DEUX FAÇONS AGRÉABLES DE TUER LE TEMPS.

CE SONT EUX ?
MAINTENANT, TIRE-TOI !
ALLEZ, TERRONE, COURS RETROUVER TA PUTE DE SOEUR, OU JE T'ÉCLATE LE CRÂNE.
PRÉVENEZ VOTRE PELOTON. NOUS ATTAQUERONS DÈS QU'ILS SERONT À PORTÉE.
CETTE FOIS-CI, L'EFFET DE SURPRISE EST POUR NOUS !

HOU, HOU !
HOU
HOU HOU
MI-E-INA... HUUU-EEEZ ! HES HIÉMON-AIS !
NINO, ENFIN !
ATTENDS, QUELQUE CHOSE NE VA PAS.

À L'ASSAUT !
BANG
BANG
BANG
BLAM
BANG
BANG

BANG
BANG!

BLAM! BANG!
BANG!

BANG
OOOON
CAPITAINE CAZZANIGA ?

JE SUIS ICI, GÉNÉRAL.
EXCELLENT TRAVAIL, CAPITAINE. EFFICACE, COMME TOUJOURS.
TOUT VA BIEN ? VOUS ÊTES BLESSÉ ?
C'EST MON DOIGT, GÉNÉRAL, JE CROIS QU'IL NE REPOUSSERA PAS.
C'EST CERTAIN. J'OSE ESPÉRER CEPENDANT QU'UNE MÉDAILLE ET UN NOUVEL INSIGNE SAURONT VOUS CONSOLER DE CETTE PERTE... COLONEL.

CLIC
KRAM!
QUE FAIT-ON DES CORPS, GÉNÉRAL ?
BRÛLEZ-LES TOUS, À PART CEUX DE GUERRA ET DE SA PUTAIN... J'AI D'AUTRES PROJETS POUR EUX.

JE VEUX MILLE COPIES DE CETTE PHOTO. QUE TOUS CES *TERRONI* SACHENT CE QUI LES ATTEND S'ILS S'OPPOSENT ENCORE À NOUS.
MILLE, MON GÉNÉRAL ? CELA VA COÛTER UNE FORTUNE...
NE VOUS INQUIÉTEZ PAS DE ÇA. JE VEUX QU'ILS N'OUBLIENT JAMAIS.
RA CHÉLLA FUTEGRAFIA ME UARDAVA ÉSSA, MICHELINA DI CESARE LA BREGANTÉSSA, FÉMMENA BÈLLA, 'NTISTA Y 'NNAMMURATA CHE LE CIOCE AGLIE PIÈRE Y BÈNE ARMATA.
QUI OSE CHANTER À SA GLOIRE ? FAITES-LE TAIRE !
QUANNE FU 'NTANNE CE NE STÉVENE TANTE RE VIÈCCHIE NUOSTRE CHIAMATE BREGANTE CHE BREGANTE CE FUONNE CHIAMATE MA, STRIGNE STRIGNE, ÈRENE SULDATE A CHÉLLA GUÈRRA RE NE MARE TIÈMPE FA CHE CÒ VOTA SE TÈRA ANCORA RACCUNTÀ.

* POÈME DE RAIMONDO ROTONDI, MIS EN MUSIQUE PAR CARMINE PALATUCCI.

CÉDRIC MAYEN CRISTIANO CRESCENZI

Michelina Di Cesare (1841–1868)

Michelina Di Cesare

Portrait d'une femme intrépide, odyssée d'une *brigantessa* qui a renversé le destin d'un peuple opprimé

Par Margherita Balzerani

Directrice du Louvre Lens Vallée, curatrice, consultante et enseignante d'art

L'audace de son aventure, la profondeur de ses idéaux, son destin constamment déconsidéré, oublié ou occulté par l'histoire officielle, font de Michelina Di Cesare une icône incontestable. Dans la tourmente de la révolution rurale de l'Italie du sud, elle se dresse face à l'oppresseur, symbole de résistance et de lutte acharnée.
À l'heure où l'unification s'impose dans le sang, au détriment de populations dépossédées de leurs biens et de leurs terres, le nom de Michelina résonne comme un écho dans les montagnes sauvages, son courage inspire et encourage les foules expropriées. En s'opposant à ses détracteurs telle une sentinelle, gardienne des aspirations bafouées, Michelina Di Cesare, icône et femme moderne, brille de sa propre lumière et éclaire le chemin des plus démunis. Aujourd'hui, son histoire est enfin révélée, racontée et transmise.

Michelina Di Cesare, âme rebelle des montagnes et femme de son temps

Michelina Di Cesare est à la fois une promesse et le symbole de la force de tout un peuple en révolte contre son assujettissement aux latifundia du Risorgimento, qui englobaient l'essentiel des exploitations agricoles du Mezzogiorno et étaient possédés à la fois par l'aristocratie et par l'Église.
Elle est aussi le symbole d'une époque et d'une population. Michelina incarne le Sud unifié par les armes, un monde rural dépossédé de ses terres qui s'insurge contre son exclusion de la répartition des richesses nationales et sa mise à l'écart de la vie politique en raison d'un système électoral quasi inexistant.

Née à Caspoli, dans la province de Caserta, le 28 octobre 1841, Michelina grandit dans la pauvreté et voit son entourage s'engager dans la révolution. Elle se marie avec Rocco Tanga, dont elle est veuve l'année suivante. Elle rencontre plus tard Francesco Guerra, ex-sergent des Bourbon et chef d'une bande de la Terra di Lavoro appartenant au mouvement armé du prolétariat paysan, le Meridione. Ce nom donnera naissance au terme désobligeant *terrone*[1], symbole linguistique de la séparation qui perdure depuis cette époque entre l'Italie du nord et l'Italie du sud.
Michelina rejoint alors la *macchia* et devient la conseillère de Francesco Guerra.
Fin stratège, elle finit par prendre le commandement de la bande, qu'elle dirige avec habileté grâce à sa connaissance intime des terres et de leurs secrets.
Michelina contribuera ainsi à programmer des attaques contre les milices italiennes de cette bourgeoisie qui souhaitait unifier l'Italie sans prendre en compte les désirs d'une ruralité divisée et affamée.
Devenue cible de ses adversaires, la *brigantessa* réussira à leur échapper pendant plus de trois ans, mais elle sera capturée le 30 août 1868 par le 27e ordre de cavalerie du *maggiore* Lombardi[2], victime de la délation d'un *massaio* de Mignano et, comme souvent dans l'histoire du brigandage, de la trahison d'un proche : son frère Giovanni. Elle ne survivra pas à son arrestation.
Tous ces hommes, après l'avoir trahie, ont sali sa mémoire en la qualifiant de *druda* et en exposant son corps nu et malmené sur la

1. « Homme de la terre », surnom dépréciatif que les Italiens du nord donnent aux Italiens du sud. https://fr.wikipedia.org/wiki/Terrone
2. Après examen, son corps a été reconnu comme étant celui de Michelina Di Cesare, désignée par les termes *druda del Guerra*. Le mot péjoratif *druda*, tiré du gaélique, est utilisé pour nommer la compagne d'un bandit, la maîtresse malhonnête, la femme de mauvaise réputation. Les chroniques de l'époque étaient en effet impitoyables envers les femmes qui transgressaient les lois, mais plus encore envers celles qui enfreignaient les règles imposées à leur sexe.
Référence : https://www.rivoluzioneanarchica.it/michelina-de-cesare-la-brigantessa/

place publique du village de Mignano – ultime outrage autant qu'avertissement à destination d'éventuels continuateurs.

Michelina Di Cesare, la maîtrise de son destin par l'image

Dès son plus jeune âge, Michelina montre une détermination farouche et un esprit indomptable. Elle refuse le destin qui lui est assigné par la société, préférant suivre son propre chemin.

Plutôt que de devenir, comme la plupart des femmes *ciociare*, une *balia* allaitant les enfants des riches en échange de bijoux en corail dont le port équivalait à une revendication sociale, Michelina s'empare de sa liberté et l'expose avec fierté dans ses rares mais mémorables photos. Fille de son temps, elle médiatise son action de manière intelligente et opportuniste en se servant habilement du procédé photographique né trois ans avant elle, le daguerréotype[3], pour servir sa cause à travers une propagande susceptible de toucher le plus grand nombre.
Dans ses portraits, Michelina est représentée comme un oxymore figuratif : en premier lieu *ciociara*, car habillée du costume traditionnel, mais arborant en même temps la panoplie des brigands, fusil de chasse bien en main et regard fort, reflétant sa détermination à tout faire pour défendre son indépendance et sa terre.
Parmi les habits traditionnels portés par Michelina dans ces clichés, on peut notamment citer la coiffe des *ciociare*, dont la forme caractéristique de tuile se retrouve également dans les costumes de Neptune[4], fixée dans les cheveux grâce à une épingle spéciale appelée « épée » ; on note aussi le corsage fendu et façonné au centre, la chemise à volants, le tablier décoré et le *zinale* de forme rectangulaire, presque toujours constitué d'une base noire intercalée entre deux bandes de tissu coloré. Elle est chaussée de la *ciocia*[5], l'élément iconographique par lequel elle souhaite s'affirmer et qui établit son origine sociale et sa filiation avec la terre qu'elle souhaite défendre.

Dans ces portraits, le costume traditionnel paysan est complété par des emblèmes de la révolte armée que Michelina veut incarner. Munie d'un fusil ou d'un pistolet, elle emprunte la posture des chefs de gang et des brigands masculins de l'époque.
Au-delà de ce contraste entre tradition et révolte, Michelina associe féminité et courage, devient l'expression de la rébellion et du refus de l'ordre établi, suggère une forme de dissidence au sein d'une culture à prédominante patriarcale.

Ses photographies sont magistralement construites. À travers une composition maîtrisée, son corps, dont la forme dessine une pyramide, s'affirme dans l'espace de façon centrale et met en valeur sa posture de femme agissante dont le regard fort, perçant, chargé de défi est orienté vers la gauche – vers l'avenir, vers un destin qu'elle souhaite dompter pour le bénéfice de ceux qui l'épaulent dans cette révolte populaire, au cœur d'une Italie divisée par les injustices, en particulier dans le Sud plus annexé que conquis, plus conquis que libéré.

Le scénariste Cédric Mayen se dit intéressé « par cette femme qui travaille son image, qui en a compris rapidement le pouvoir, et surtout celui de sa mise en scène. À cette époque et dans ce milieu rural, de manière insoupçonnée ».

La Fleur au fusil retrace l'histoire de cette « femme de vérité », comme il la définit, « devenue tellement puissante », « qui s'est battue contre l'oppression sur ses terres et qui, grâce à ses portraits, a entamé une impavide révolte médiatique contre le patriarcat ».

3. En 1839, lors d'une séance officielle à l'Institut de France, Louis Daguerre (1787-1851), décorateur de théâtre parisien, divulgue le premier procédé photographique qu'il est parvenu à mettre au point en tirant parti des recherches de son associé, Nicéphore Niépce. Par la suite, le photographe Nadar exploitera le procédé photographique pour réaliser plusieurs portraits de personnes célèbres.

4. http://www.100libripernettuno.it/OPERE/nettuno%20la%20sua%20storia/CAPITOLI/008%20il%20costume%20popolare.htm

5. La *ciocia* est une forme ancienne de chaussure largement utilisée par les agriculteurs et les bergers de toute la Ciociaria, au sud du Latium. Ce type particulier de chaussure était réalisé à partir d'un morceau de peau (de porc, d'âne ou de bœuf) et se caractérisait par une semelle très épaisse et un bout relevé sur le devant. La *ciocia* se portait serrée au pied et était maintenue par des lacets en cuir enroulés treize fois autour de

Cette révolution, Michelina Di Cesare la lance en se mettant en scène avec des symboles masculins, parure assumée de la lutte des classes mais également objets de pouvoir phalliques reconnaissables : un pistolet dans la main gauche et un fusil dans la main droite, un poignard serré à la taille...

Dans la deuxième partie de *La Fleur au fusil*, lors des affrontements et des expéditions, on voit souvent Michelina vêtue d'un pantalon, symbole de la modernité du personnage.

Ce choix vestimentaire reflète une réalité historique : à l'instar de Maria Rosa Martinelli, Filomena Cianciarullo, Filomena Pennacchio, Maria Oliverio ou Serafina Ciminelli[6], qui sont autant d'autres femmes téméraires contemporaines de Michelina – des *brigantesse*, qui s'affirmèrent dans leur révolte contre les *galantuomini* –, Michelina Di Cesare portait effectivement souvent des vêtements d'homme.

Mais le sujet touchait un public beaucoup plus large : en effet, dès les années 1830, démarre une contestation féminine autour de l'obligation de porter la jupe en toute circonstance, inspirée par des écrivaines comme George Sand ou par des artistes comme Rosa Bonheur, peintre qui fut formée par son père car les écoles d'art étaient fermées aux filles, et qui se rendait tous les six mois à la préfecture de police pour obtenir une « permission de travestissement ».

De nombreuses femmes de l'époque, connues ou anonymes, affirmèrent ainsi leur aspiration à la liberté et remirent en cause l'ordre moral. Au-delà de l'anecdote, cette « revendication du pantalon » montre que le corps féminin a, de tout temps, été le terrain de jeu de la moralité, qu'elle soit bourgeoise ou religieuse, et que ce que les femmes ont parfois obtenu a toujours été le fruit de révoltes profondes contre l'injustice de l'ordre établi[7].

Michelina Di Cesare, vivre sa liberté, mourir pour ses idées

« La question des femmes est, surtout à l'heure actuelle, inséparable de la question de l'humanité. [...]
Les femmes, surtout, sont le bétail humain qu'on écrase et qu'on vend. Notre place dans l'humanité ne doit pas être mendiée, mais prise. »[8]

Louise Michel

Le manque de références biographiques concernant Michelina Di Cesare a poussé le scénariste et le dessinateur de *La Fleur au fusil* à s'appuyer sur plusieurs peintures d'artistes tels qu'Antonio Sicurezza et Enrique Simonet pour capturer l'univers et l'iconographie des *ciociare*, tout en puisant dans les coutumes et les traditions populaires du sud de l'Italie.

En croisant divers travaux artistiques, littéraires, philosophiques et cinématographiques, ils ont pu replacer le personnage de Michelina Di Cesare dans son contexte historique, avec une profonde compréhension des enjeux sociaux et culturels de l'époque.

Le tableau emblématique de la révolution rurale, *Il Quarto Stato*, peint par Giuseppe Pellizza da Volpedo en 1899, illustre les revendications des travailleurs et des populations rurales de la fin du XIXe siècle face à l'oppression, à la barbarie, aux impôts qui les écrasent et à leur expropriation de leurs terres. Pellizza da Volpedo travaille sur *Il Quarto Stato* pendant dix ans, et intitule sa première esquisse *Les Ambassadeurs de la faim* : c'est alors le portrait d'un peuple en marche, qui avance uni contre l'oppression, vers la liberté. Cette œuvre, devenue un symbole des protestations ouvrières en Italie, a inspiré esthétiquement certains plans du film *Novecento*

la jambe, qui était elle-même recouverte jusqu'au genou par un morceau de toile blanche. Les origines de la *ciocia* sont très anciennes, et on pense que son nom dérive peut-être du latin *soccus* ou *socculus*, qui désigne une forme de sandale très répandue chez les Romains.
https://www.academia.edu/12345591/La CIOCIA_calzatura_della_Ciociaria

6. « *Donne e rivoluzione : l'altro volto del brigantaggio* »
https://www.noidonne.org/articoli/donne-e-rivoluzione-laltro-volto-del-brigantaggio-01618.php

7. La loi, dite de « travestissement » n'a été abrogée que le 31 janvier 2013. https://www.senat.fr/questions/base/2012/qSEQ120700692.html

8. Michel Lapierre, « Louise Michel, l'anarchiste salvatrice », sur *Le Devoir*, 21 novembre 2015.

réalisé par Bernardo Bertolucci en 1976.
La question méridionale est analysée par Antonio Gramsci dans son livre *Quaderni del carcere*[9], qui décrit le Risorgimento comme une « révolution passive » subie par les paysans et les classes sociales les plus pauvres.
Les thèmes centraux de son analyse sont le jacobinisme et la construction du processus révolutionnaire, à partir desquels il réinterprète le Risorgimento comme un processus de transformation sociopolitique qui aurait été passivement transposé en Italie après avoir été initié en France avec l'effondrement de l'Ancien Régime puis avec la Révolution en 1789.

Autre référence littéraire, le roman *Le Guépard* de Giuseppe Tomasi di Lampedusa, adapté au cinéma par Luchino Visconti, soulève des questions sur le changement social en Italie, illustrées par la citation devenue célèbre : « Il faut que tout change pour que rien ne change. »

Comparée à d'autres figures féminines de la même époque, Michelina apparaît comme une éclaireuse, à l'instar de Calamity Jane pendant la conquête de l'Ouest[10].
À la même époque et dans d'autres pays, issues de cultures différentes, plusieurs femmes se démarquent par leur courage, comme Lozen, guerrière apache expérimentée et chamane. Dans les années 1970 et dans le domaine de la fiction, le manga de Kazuo Koike et Kazuo Kamimura intitulé *Lady Snowblood*[11] (littéralement, « Princesse Neige-Carnage », fruit d'un jeu de mots avec la traduction de « Blanche-Neige » en japonais[12]) met en scène une combattante animée par la vengeance.
De nos jours, des figures contemporaines telles que la pakistanaise Malala Yousafzai ou les femmes iraniennes du mouvement dissident *Femme, vie, liberté* mènent une lutte commune contre le patriarcat, servant d'inspiration et de modèle aux générations futures.

Il est essentiel que les jeunes filles d'aujourd'hui réalisent les défis qui les attendent. Elles doivent comprendre que ces obstacles ne sont pas insurmontables. Elles peuvent non seulement les franchir, mais aussi les redéfinir pour celles et ceux qui suivront, comme l'ont fait certaines de ces grandes femmes.

Toutes ces pionnières courageuses, inspirantes démontrent qu'un cœur vaillant a le pouvoir de changer le monde et le cours de l'histoire. Elles enseignent aux générations futures que la véritable beauté se manifeste à travers l'action, la vérité et l'audace.

Michelina Di Cesare, entre la fleur de l'insouciance et le courage du fusil

Bien que peu d'éléments biographiques de la jeunesse de Michelina soient disponibles, le scénariste français Cédric Mayen et le dessinateur italien Cristiano Crescenzi ont réussi à « raconter » leur personnage dans une bande dessinée hybride où le roman documentaire se mêle à l'improviste au western, revisité dans une esthétique contemporaine.
L'idée était de donner naissance à « une bande dessinée en Technicolor, comme un western à la manière de John Ford », affirme Cédric Mayen, avec une palette chromatique inspirée par la lumière perçante du sud de l'Italie, et une mise en scène et un découpage qui empruntent aux codes du cinéma western. Les couleurs chaudes prédominent, créant une atmosphère envoûtante. Le dessinateur a bénéficié d'une grande liberté d'interprétation, présentant les scènes de manière quasi organique, alternant les gros plans pour saisir les émotions des personnages et les plans d'ensemble pour étreindre les

9. Antonio Gramsci, *Quaderni del carcere, Volume 4*, Einaudi Editore, 1975, p. 2479.

10. Surnommée « l'héroïne des plaines », elle montait à cheval et fut la première femme blanche à pénétrer dans les Black Hills, montagnes sacrées alors contrôlées par les Sioux Lakotas. Un journaliste qui couvrait l'expédition prit alors une photo d'elle en tenue d'homme. Cette médiatisation est proche de celle de Michelina.

11. Ce manga inspirera au cinéma le personnage féminin du film *Kill Bill* réalisé par Quentin Tarantino.

12. L'histoire se situe au début de l'ère Meiji (vers 1870) : trois hommes et une femme assassinent l'époux et le fils de Sayo, qui est ensuite violée. Après avoir tué l'un de ses agresseurs, Sayo se retrouve en prison, où elle donne naissance à une fille, Yuki. Sa mère étant morte en couches, Yuki est élevée par un maître du sabre pour devenir un redoutable instrument de vengeance.

paysages comme au cinéma, dans un imaginaire rappelant parfois l'univers visuel de Sergio Leone. Cristiano Crescenzi a su capturer les émotions de Michelina, montrant ses fragilités, ses peurs et ses incertitudes, loin des stéréotypes, profondément réaliste, crue, humaine dans sa vérité de femme.

Depuis douze ans, Cédric Mayen façonne ses scénarios en s'appuyant sur le test de Bechdel, avec le désir de mettre en avant ses personnages féminins de manière inédite. La narration se déploie sur une seule unité temporelle, agrémentée de flash-back émotionnels. Cette approche confère à la bande dessinée une valeur documentaire, la transformant en un véritable outil de lutte et de plaidoyer, lui permettant de dépasser les stéréotypes grâce à des dialogues et à une construction de personnages soignés.

« Ce qui m'a interpellé chez Michelina, c'est de voir une femme se lever, se battre et réussir à fédérer des hommes, pour ensuite être humiliée par ces mêmes hommes. Elle ne voulait plus être souillée par eux. Il était crucial pour moi de lui rendre hommage. Malheureusement, elle a été tuée, rendue invisible et effacée de l'histoire. Le fait d'avoir pris une photo d'elle après sa mort a été une erreur. Car le combat est plus puissant que le personnage. Dans la dernière séquence, il y a le chant et le poème de Raimondo Rotondi, mis en musique par Carmine Palatucci. Cependant Michelina était déjà devenue une icône et une martyre », conclut Cédric Mayen.

Le 30 août 1868, les corps de Michelina Di Cesare et de Francesco Guerra ont été photographiés pour la tristement célèbre propagande d'unité, qui avait recours aux services de photographes appelés sur place après l'assassinat de brigands, les faisant apparaître horriblement et grotesquement vivants.
Les ravages infligés au corps de Michelina capturés sur cette dernière image sont la marque indélébile de la douleur et de la souffrance d'un peuple.

Les photographies de Michelina, d'abord vivante, puis morte, sont devenues l'emblème du brigandage en Italie du sud. On peut y saisir à la fois la fierté et la douleur, les sentiments qui distinguent un peuple opprimé. Ceux qui avaient voulu immortaliser l'image d'une Michelina violée, tuée et humiliée, en faire un témoignage de la défaite d'une rebelle et de son peuple l'ont au contraire élevée au rang de légende.

Il reste une narration importante de Michelina Di Cesare, transmise d'abord oralement, puis à travers des sources historiques qui, en rediscutant sans filtre la question sudiste et le brigandage, ont su reprendre le fil du débat en reconsidérant le rôle des Savoie dans la conquête de l'Italie et également en adoptant une vision plus critique de cette époque, notamment en ce qui concerne l'action de répression et de libération des campagnes, où le consensus pour la création d'un nouvel État italien (et piémontais) était faible, voire inexistant.
Une légende poétiquement illustrée par le crayon de Cristiano Crescenzi et magistralement décrite par la plume de Cédric Mayen dans *La Fleur au fusil*.

Une légende que l'on pourrait introduire par les mots qu'elle a inspirés à Eugenio Bennato, un auteur-compositeur-interprète italien sensible aux traditions populaires du Sud, dans sa chanson écrite en 2011 et intitulée « Le sourire de Michela » : « Et c'est comme ça que se passe la guerre, c'est comme ça que se passe la gloire, et depuis que le Sud est le Sud, c'est comme ça que se passe l'histoire, mais l'histoire de Michela est une autre histoire, parce qu'elle n'abandonne pas, parce qu'elle est une brigande.[13] »

13. « Il Sorriso di Michela », album *La questione meridionale* 2011, Taranta Power. : https://www.youtube.com/watch?v=BjwngolGl6Y

À Margherita, d'avoir accepté de chaperonner cet album après m'avoir initié à l'histoire tragique de Michelina ;
à Diane, qui aura donné à celle-ci son premier visage dessiné ;
à Luca, sans qui je n'aurais pas rencontré Cristiano ;
à Valérie, Élise, Cécile et Yves de Dargaud, pour leur accompagnement et leur confiance ;
à Loriane, à qui je me fie aveuglément pour son travail de relecture ;
à Cristiano, dont l'enthousiasme à faire aboutir ce projet n'a d'égal que son immense talent et sa gentillesse ;
à Lucy et Jamie, qui me donnent toujours plus de force...
merci.

Cédric Mayen

Je remercie ceux qui m'ont permis de mener à son terme cette merveilleuse aventure :
Valérie, mon éditrice, qui a accueilli et suivi le projet avec entrain ;
Cédric, qui m'a fait découvrir Michelina et a collaboré avec moi, toujours plein d'enthousiasme et d'énergie ;
Luca qui, lors d'une soirée à Angoulême, a créé l'occasion de ma rencontre avec Cédric.

Je dédie ce livre à un grand artiste, un ami, un frère, qui n'est plus parmi nous : Saverio Tenuta.
Il y a trente ans, il a d'abord été mon maître avant de devenir un collègue, puis un ami.
Il est celui qui m'a fait découvrir la bande dessinée franco-belge et m'a initié à ses spécificités.
Son amitié comme sa disparition m'ont profondément marqué, à jamais.
Merci, Saverio, d'avoir partagé ma vie.

Cristiano Crescenzi

Conception graphique et direction artistique : Philippe Ravon
Lettrage : Éric Montésinos
Relecture : Loriane Ernst-Peysson

Certifié PEFC
Ce produit est issu de forêts gérées durablement et de sources contrôlées
PEFC 10-31-1800
www.pefc-france.org

www.dargaud.com

PREMIÈRE ÉDITION

Achevé d'imprimer en mai 2024 • Dépôt légal : juin 2024
D/2024/0086/223 • ISBN 978-2-5051-1266-2
Imprimé et relié en France par PPO GRAPHIC, 10 rue de la Croix Martre, 91120 Palaiseau.